만인시인선·64

금호강에는 개미귀신이 산다

권오용 시집

금호강에는 개미귀신이 산다

만인사

자서

오늘은 기억 속 어제와 닮아 있다.

도시로 나와 이십 년 남짓 금호강 곁에 살고 있다. 읽던 책을 덮고 가끔 강변길에 나선다. 산책길에서 만나는 사물과 기억들, 새로운 풍경이 시가 되었다.

기억은 어디에나 있다. 날마다 책상 앞에 앉아 첫 행을 쌓고 허문다. 깊이를 알 수 없는 강물에 무작정 뛰어드는 무모한 짓을 반복하였다.

갑년을 넘겨 펴내는 첫 시집, 빈 쌀독을 긁는 바가지 소리를 기억하는 나의 오랜 회한이여! 이 시집을 삼가 경주 손씨 어머니께 바친다.

차 례

2

3

4

차 례

1

봄날의 필사

봄날, 버들가지 비틀어
호드기 불듯
해갈을 위한 필사

늦은 밤
창틀에 걸린 반달
눈길 마주치지 않아도
바람이 추녀 끝을 지날 무렵
창문에 드리운
새싹 돋는 그림자

새벽에야 살짜기 얼굴 내민
속내 드러내지 않던
낯선 단어 하나

봄

구룡산 달갈양지에 진달래꽃 화사하다

살갗 간지럽히며 틔운
꽃술,
초례청 신부화장이다

살포시 치맛말 부풀리는 봄바람에
가슴 바스대는 새색시
팽팽한 긴장으로
눈꺼풀 파르르 떨린다

촉은 촉은 뺨 적시는 눈물방울에
웃자란 속눈썹
마스카라 번진다

소심한 변비

공중화장실에 쭈그려 앉아
스마트폰 들여다본다
자주 드나드는 트위터엔 악플러들 있다
나 너 모르고 너 나 모르기에
뿌직뿌직 아무렇게나 잘도 쏟아내는데
아등바등 살아오며 알아서 설설 긴
구더기 같은 삶의 내력을
닉네임 강나루에 걸어 놓고도
시원하게 싸제끼지 못하고 있다
얼굴 뻘게지도록 끙끙대며
겨우 꼬리말 한 줄 달고 나서야
피식거리며 빠져나가는
소심한 쾌快

두메달맞이꽃

함께 가자 청해나 보시지 홍!
백주에 떠있는 빛바랜 저 달 아래

산골촌놈이 타박타박 걸어가고 있다

햇빛 가리개 챙모자에 꽂아도 좋을
느닷없이 나를 흔들어 두근거리게 하는
꽃 한 무리
몇 걸음 지나치는데
밤새 이슬 머금은 젖은 이파리 말리며
하늘하늘 분내 풍긴다

꼴깍 마른 침을 삼키고 쪼그려 앉아 불그레한 실핏줄 보여주는 해맑은 낯을 바라볼 때 밤을 기다리는 꽃잎에 햇살 내려와 입 맞추는 거기 나긋한 날갯짓의 시골처녀 나비 숨겨진 낮거리가 있다

후끈 달아오른 지열에
가파르게 걸어온 엇박걸음일지라도
내 안에 그대 있다면
해 저문들 부끄럽지 않을 것이다

훤한 대낮 먼 길 걷는 섶에 화르륵 네가 있다

대숲에서

봄을 풀어놓으니 죽순이 깨어난다
땅속 들썩이며 뿌리 보듬는 산들바람에
하루에도 두어 자씩 쑥쑥 겨드랑이 날개 돋아
웃자란 키, 그 빈속이 궁금한데
일찍 물 건너 오리골 최부자네 대광주리로 팔렸다가
삼 년 전 과수된 무리실댁
열불 나는 앞가슴 식혀 줄 부챗살이 되었고
한때는 낯선 사내의 죽부인으로
지금은 그마저 기댈 곳 없어
손 끝 닿지 않는 여린 등 긁어 줄
효자손이 되었다
따비밭 언저리
오늘을 쉬게 해야 할 휘어진 등짝
쏴아~쏴아~
가려움 긁는 댓잎 소리 시원하다

도깨비풀

불로동 고분군 어디쯤 잘못 들어선 풀밭 도깨비바늘이 소매 끝에 찰싹 달라붙습니다 이시아폴리스 아울렛 불 밝힌 상가에 그저 구경이나 하잘 땐 눈에 띄지도 않던 살아있는 도깨비가 있어 미끈한 마네킹의 몸짱에 홀려 폼 나는 등산복 한 벌 지르고 싶었네요 눈치 빠른 수천 개 혓바늘에 찔려 고상한 척 그대를 선택한 한심한 나와 얼굴 붉히지 않고 헤어지기는 대략난감한 일이지요 바람막이 자켓을 집어 들자 툭! 스치고 지나가던 혹부리 도깨비들이 구시렁구시렁 귓속말하며 꿈 속까지 따라오는 것이었습니다

넝쿨손

앞날이 벼랑이 되었다는 여자
시설농장 지지대 타고 기어오르는
오이넝쿨 거두어 주고 있다

냉해 입을까 검정 비닐 덮어주면
고물고물 틈새 삐져나오던 여린 주먹손
벼랑을 꽉 거머쥔다

허공바람 걷어차고 제풀에 고꾸라져도
할 일 많은 그 무게로
공중을 밀어올리며
두 벼랑 세 벼랑 손 뻗는다

이랑에 코 박고 하늘에 가 닿았다

목장갑

엄지 검지 다 헤진 장갑 한 켤레
아파트 신축공사장 구석에 처박혀 있다

울타리 너머 플라워 캐슬
홍매 백매 터트리는 폭죽소리
여기까지 들리는데
응달진 아등거린 가슴에
비집고 들어올 봄이 있기나 한 걸까

한동안
이 자리에 머물다 간
손가락

통천문 너머로

1

지리산 천왕봉 턱 밑에 통천문通天門 있다

중산리에서 장터목대피소 지나
목까지 턱 숨이 차오를 때쯤
한 생 지고 왔던 배낭 내려놓고
지나온 길 되돌아 본다

옷자락에 묻은 흙먼지 털어주며 함께 오른 지리산 일몰 프라이해 손잡이 떨어져나간 코펠에 돌나물과 곰취 버무려넣고 태양초 고추장에 쓱쓱 비벼 같이 먹던, 초저녁부터 진달래술에 취해 밤하늘에 떨어지는 별똥별 향해 종주먹 내지르며 혀 꼬부라진 소리해대던,

2

타향살이였던 검정 뿔테안경이 오늘
명복공원 붉게 타는 노을 지나

하늘문 열어 젖혔다

보내고도 지워지지 않는 막역했던 발자국
우리는 참 가까이 있다

작설

보성 녹차밭에 무수한 언어들이 돋아났다

초록의 혀들 쉽게 말하지 않지만
부드러운 혀 끝에 잉크 풀어
펜글씨 교본 한 권 뗐더니
필체가 조금씩 제자리를 잡았다
행간에 갇혀 옴짝달싹 못할 때
햇살 속에서 흘러나온 자음과 모음
사각사각 받아먹는 느낌으로
배가 불렀던 한나절,

먼지 뒤집어쓴 낡은 편지지에서
미완의 글자들 새파랗게 다시 살아났다
띄어쓰기한 빈칸에 번진 잉크자국
물음표 같은 묵은 잎사귀 뭉텅 잘라버리고
새로운 낱말로
허공에 늦은 답장 쓴다

막 말문 튼 아이처럼
방금 촉 밀어올린
찻잎으로

네발나비

이른 새벽 해맞이 언덕을 오른다
지난 밤 등마루까지 차올랐던
망망한 바닷물에 마침맞게 쳐놓은 투명한 거미줄에
네발나비 한 마리 척 걸려 들었다

수굿한 구절초
흐트러진 옷매무새 가다듬고 있는 거기
공중을 헤엄치던 나비
꽃향기에 취했다가 움직임 멈춘 채
두 눈 멀뚱멀뚱 가쁜 숨 몰아쉰다

야생에서 버틴 여러 날
수런대는 뜬소문을 한 쪽 귀로 흘려들으며
익숙한 물길인양 들까불고 자맥질하다
자리그물에 걸린
나는 너무 낯선 곳에 와 있는 것이다

하늘매발톱

폭설과 칼바람에 꽁꽁 얼었던 몸
개여울에 녹아 유월에나 만개할 모습이
발코니 화분 속 흙내음에 취해
종종걸음 까치발로 한껏 부풀었다

아랫마을 점순이가
정가네 술도가 옆 장터거리에 들어온
가설극장 영사기사와 바람이 나
삐딱구두 신고
가출했을 때처럼

가을 타는 여자

나락 영그는 너른 들판을 자전거로 달려요
논두렁길 구르는 팽팽한 두 바퀴에 초점을 맞춰요

장바구니 달린 파란색 삼천리자전거에
김밥 두 줄과 사과 세 조각
불로막걸리 한 병이 실렸어요
종이컵 옆에 시집 한 권도 놓였네요
둥글게 둥글게 페달 밟으며
찰랑이는 머릿결 쓸어 넘길 때 그제야 바람을 읽어요
반짝이는 바퀴살 따라
철 지난 코스모스 향기도 따라 와요
한눈 좀 팔며 놀다 가도 좋은 날이에요
마비정馬飛亭에서 맛보는
정구지 찌짐으로 조절되는 우울,
여문 이삭들 속삭임에 적막이 사라지고
발치에 흩어진 은행잎이 책갈피 물들이면
접혔던 가슴이 노랗게 펴져요
가을 햇살에 따뜻해진 안장

노을 한 줌 태우고 돌아오는 길에
하늘을 나는 고추잠자리가
허리를 감싸안아요

누에

경주 남산 용장사지 뽕나무에 다닥다닥 열린 오디를 따먹다가 고향집 초가에서 누에치던 생각한다 방안 가득 발 걸쳐 놓으니 누울 자리도 없고 뽕잎 갉아 먹는 소리는 솔바람되어 다음 끼니를 보채는데 다래끼 둘러메고 부농골에 뽕 따러 간 엄마는 여태껏 돌아오지 않는다 괜히 나뭇가지 옭아매는 칡덩굴 낫으로 툭툭 쳐내다가 햇살에 데워진 너럭바위에 등 붙이고 깍지 낀 손 머리에 얹고 바라보는 먼산등성이, 꼬물꼬물 한 마리 누에가 기어가고 있다

먹고 자고 똥 싸는 일,
그렇게 말랑하고 부드러운 능선으로
한 생 사는 누에는 허물 벗고
서천을 향해 나무南無의 길에 올랐다
묵혀둔 뽕밭은 장지葬地가 되었다

햇새

떠나간 사람 생각할 때가 있다
옷장에 여러 벌 날개옷 걸어놓고
날마다 옷 바꿔 입는 여자가
덜컹, 미닫이문 열고 묵은 가을 걷어낸다
귓가에 남아있는 달콤한 속삭임을
깃털에 묻은 지문 지우고 씻어내어
쑥부쟁이 꽃무늬로 새단장한다
십 년만 젊었더라면, 소리를 입에 달고 다니는
굽높은 구두 신고 외출하는 여자의
적요한 양 날개에 배인 진한 향수가
저녁바람에 퍼지는 햇새되어
포르릉 공중으로 날아간다
옷이 날개라 여기는
입술 붉은 여자,
떠난 사람을 생각하는 때가 있다

소매물도

도화지에 수평선을 그리자
작은 섬 하나 떠올랐다

두근거리는 붉은 노을 배경으로
메밀꽃 같은 하얀 등대에 반한
아찔한 하룻밤 벼랑 끝 연애
절벽 아래 시퍼런 파도에 발목 잡혔다가
잔물결 찰박이는 열목개 건너오면서
햇빛 튕기는 몽돌에 넘실대는 바다도
어쩔 수 없는 발자국 남겨 놓았다

돌담 넘어 빨랫줄엔
바람 든 처자의 가슴이 해풍에 일렁이고
철써덕 철써덕 날마다 앓는 첫사랑이
그림으로 떠 있다

물때

한산, 장사, 연화 건너
저물녘이 돼서야 닿은 사량도

흰모래 알갱이들
발등에서 미끄러지는
오금 저린 초행길
그녀와 잡을 듯 잡지 못한 손
섬과 섬 사이 아렴풋하다

갔다 오고 왔다 가는
별빛 출렁이는 해변을 걷는다
드나드는 물그림자에 흘깃 스치는
당신을 보았다

사랑이 얼마나 넓고 깊은지 몰랐던

바다도 잠 못 드는 때가 있다

수평선 너머로 해 떨어지면
등 푸른 언덕엔 시린 별빛

잠 못 드는 때가 있었다

바닷물이 온통
레드와인이었으면 좋겠다는 생각

바다를 잃고
모든 걸 바쳐도
좋았던

2

나비의 꿈
—금호강·1

나비생태원에서 부화한 배추흰나비
바람결에 젖은 날개 말리며
방죽길 따라 팔락팔락 춤을 춘다

한 순갈 꿀을 위해
꽃잎에 내려앉은 나비, 앞에서 벚꽃은
햇빛이 눈부시다고 아우성이다

—이른 봄에 흰나비 보면 엄마 죽는다
—아니야 아니야 나는 나는 노랑나비 보았어

팡팡 꽃망울 터지는 소리에
배추흰나비 폈다 오무렸다
봄의 행간 속을 날아오른다

개미귀신에 홀리다
—금호강·2

화랑교 아래 개미귀신이 산다

밥때 맞춰 일렬종대로 행진하던 개미들 중 딴짓하던 한 마리가 귀신한테 홀리고 말았다 구덩이에서 헤어나려 발버둥칠수록 더 깊은 수렁으로 빠져드는 절명의 순간, 눈앞이 캄캄해진 얼굴에는

고로쇠나무 달콤한 수액이
강물 따라 춤추던 기생초의 몸짓이
주말에 다녀간 외손녀 함박웃음이
스쳐 지나갔다

더듬이 싹둑 잘려 죽다 살아난 개미는
천적의 허기에 발 들였다 돌려받은 목숨 액땜인 양
배곯은 빈속 배달 짜장 한 그릇으로 달랬다

오늘도 다리 밑 그늘진 곳으로
부채바람 팔락이며 더위 식히러 나온 노인네가

개미귀신을 깔고 앉았다가 누웠다가
낮꿈에 가끔 헛발질하며 해종일
시간을 파먹고 있는 것이다

수양버들
—금호강·3

안심습지 가장자리에서
무릎까지 물에 잠기우고 낚싯줄 드리우는

강 건너엔 개나리,
샛노란 밑밥 던져놓고
오지 않는 입질 물끄러미 들여다볼 때
수양의 길을 택한 연두바람이
슬그머니 마른 찌 흔들고

저린 무릎 아래
피라미들 숨바꼭질하며
무릇,
물 위에 노는 것들은 그 속을 모른다고
밑바닥까지 내려와 봐야 손맛 느낄 수 있다고
말끔히 빗질한 머릿결 한 가닥 늘어뜨린 채
오랜 기다림의 봄 사연 낚는

저, 화사
—금호강·4

통천사 무량수전 댓돌 위에
꽃무늬 편지지에 적어놓은 유서 같은
하얀 운동화 한 켤레

새파란 청춘에 목 매단
서둘러 먼저 간 누이 두고
봄바람에 비틀거렸던 걸음걸이와
횃대에 걸어둔
옷 한 벌이 전부

이튿날, 아니 사흘날 벚꽃은
이제 떠난다고 큰 소리로 외쳐도
쳐다보는 사람 하나 없고
극락길 가로수에 멧비둘기 홀로 앉아 염불한다

그제야 사뿐 입적하는 저, 화사

아양루에 올라
—금호강·5

귀뚜리들 푸덕푸덕 누각에 오른다
쪽마루 난간에 걸터앉아
대들보에 걸린 거미줄을 뜯어
편액의 제영題詠을 노래한다

귀 밝은 암컷들이 몰려든다
풀섶에 숨어있던 수컷이 얼씨구나 독차지한다
달빛이 살갗을 뚫고 지나간다

강독講讀이 본론에 접어들자
발 아래 낮게 흐르는 물소리 귀 기울인다
고요를 깨며 강물이 출렁인다
뜨락의 낙엽들이 말을 뒤척인다

소리들이 사방으로 흩어진다
아양음사峨洋吟社에 깊어지는 빛과 소리
끝내 문장만 남는다

왜가리
—금호강·6

왜가리 외발로 서 있다
아껴둔 한 쪽 발 어디에 디딜까
길게 목 빼고 먼하늘 바라본다

뒤꿈치 굳은살 박이게 했던 미끄러운 바닥은
한가로이 물장구치는 꿈 접게 하고
조바심에 컥컥거리는 잠긴 빗장 풀어
긴 부리로 물고기 사냥한다

축 처진 어깻죽지 다독일 때쯤
오종종히 새끼들 기다리는 둥지 찾아드니
동녘하늘이 밝아오면서
잿빛 날개가 먼동에 부드러웠다

오늘도 새벽하늘 날아오르는 아배가 있다

폭염경보
—금호강·7

나는 두더지처럼 땅속으로 들어가 아양교역에서 반월당역에 내린다 뚫어놓은 터널을 따라 서점에 들어선다 섭씨 이십팔 도, 신간 코너에서 새로 나온 시집 훑어보고 한 권 골라 눈도장 찍는다 책갈피에서는 활자들이 자꾸 앞으로 튀어 나오는데, 하늘열차 타고 온 여자가 북카페에 기다리는 남자를 만난다 비평가들 입방아 찧던 베스트셀러 작가의 표절에 대해 떠듬떠듬 이야기하면서 아이스커피를 마실 때 저기 벽면에 걸린 비키니 여자 모델은 대형 아크릴 광고판에서 값싼 포즈를 취한다 에어컨 실외기에서 흘러나온 냉각수에 바닥이 흥건할 때쯤 종일 걸레질하는 아주머니가 한낮의 열기 비틀어 더위를 짜내는 시간 햇볕은 선크림 바르지 않은 도심을 달궈 데이트가 금방 땀에 젖는다 후생에서 맞닥트린 지하 풍경이 낯설어 땅 위로 머리 밀어올릴 때 하늘에 이마가 닿자마자 땡볕에 소스라치게 놀란 동공은 한동안 열리지 않았다

견인차량
—금호강·8

동대구톨게이트 고가도로
교각 구석진 곳에 견인차량 졸고 있다
햇살 부신 잔디밭에서
딸아이와 공놀이하는 꿈꿀 때
기지개 켜는 발가락 사이
풀잎 이슬이 간지러웠다
선잠에서 눈을 뜨니
십자로 가장자리 꺼지지 못한 가로등이
어둑새벽에 떨고 있다
오늘은 해장국 한 그릇 먹을 수 있으려나
딸아이 크레파스는 챙겨 줄 수 있으려나
충혈된 두 눈은
미등 켠 채 두리번거리고
잠 설친 하품으로 떠오르는 해가
서쪽 하늘에 걸린 달을 꿀꺽 삼킨다

큰개불알풀꽃
—금호강·9

하늘에는 전설을 이고 가는 조각구름 떠있는데요 심마니는 매일 새벽 계곡물에 목욕한다지요 소피 마려운 심마니 찬물에 오그라들대로 오그라든 그것을 찾다가 그만 바지에 쉬를 했다지요 노란색 날개옷 잃어버린 선녀는 산속에서 마주친 심마니의 색바랜 바지가 자기 옷으로 비쳤다지요 날개옷 돌려달라는 선녀에게 심마니는 아랫도리를 벗어주며 "어서 옷을 가져 가시오 덤으로 이 큰 불알도 가져가시오."했다지요 선녀 가만히 곁눈질하더니 "개불알보다 작은 게 어디서 수작이야 나는 날개옷만 있으면 되니 썩 물렀거라."는 말에 수치심을 참지 못한 심마니 절벽 아래로 몸을 던졌다지요 선녀는 심마니를 땅에 묻으며 "만약 이 자리에 꽃이 핀다면 작은 불알이 아니다."하고는 하늘나라로 올라갔다지요

동촌유원지 큰개불알풀꽃
사뿐사뿐 선녀의 걸음으로 다가오는 마파람에
꽃잎 흔들리는데요

연보라 외투에 받쳐 입은 흰 와이셔츠
목덜미 사이로 부끄러운 바람 파고들어
자꾸 헛웃음이 나오는데요

개불알 개불알,
봄바람에 벙그는 꽃봉오리
웃음 참을 수 없는데요

자화상
—금호강·10

심한 낯가림으로 혓바늘 돋는 날
동네 배회하다 망우공원 간다

가시덤불 언덕배기에서
박새, 쑥새, 참새 먹이 찾아 모여든다
적십자봉사회 한 끼 나눔 말석에
슬쩍 끼어들어도
꿀릴 게 없는 나의 몰골

먼저 자리 차지하고 앉은 텃새들
불평 섞인 재잘거림 주워들으면서
나무젓가락으로 콕콕 찍어 먹을 반찬이 없어도
아가리 넓직한 대접에 구름과 바람을 섞은
콩나물비빔밥 맛있다고 주억거릴 때
—댁은 뉘시우?

해거름에 돌아온 집 거실에는
목소리 큰놈에게 껌뻑 고개 수그리던

지난 늦가을 산골에서 실려 온
늙은 호박 한 덩이
꾸벅꾸벅 졸고 있다

회오리 권법
—금호강·11

효목시장 모서리 한 뼘 자투리땅 뽑기상자 속에는 티라노사우루스 이구아노돈 도마뱀 산토끼 거북이 자라 수달 멧돼지 오소리 너구리 다람쥐 청설모 작은멋장이나비 별박이세줄나비 사향제비나비 말매미 참매미 애매미 늦털매미 날개띠좀잠자리 깃동잠자리 묵은실잠자리 벼메뚜기 모메뚜기 왕귀뚜라미 큰부리까마귀 곤줄박이 오색딱다구리 물총새 굴뚝새 청둥오리 흰뺨검둥오리 중대백로 쇠백로 등등 지구살이 모형들이 빽빽이 들어 있다

나는 오늘도
엄지와 검지를 이용한 회오리권법으로
티라노사우루스 한 마리 건져올린 것 생각하며
소파에 비스듬히 드러누워 빛바랜 코털을
확, 낚아채고 있는 것이다

그녀의 민낯
—금호강·12

아양철교 찻집 포엠 인 커피에 갔다
볼 때마다 화장기 없는 그녀의 민낯
그게 참 잘 어울렸다
기분 좋은 날은 환한 눈웃음으로 왔다가
울적할 땐 어두운 표정으로 돌아서곤 했다
그녀는 늘 말이 없다
몇 마디 필담 나누다가 헤어지곤 했다
글씨는 삐뚤고 서툴렀지만 솔직해서 좋았다
오늘은 또 어떤 모습일지 궁금할 때
또각또각 기찻길 건너오는 발자국소리 들리는 듯
설레는 마음도 잠시
아직 맞은편 자리 비어 있다
물 위를 떠다니는 오리 떼들
제 잘난 이야기하고 있다

혼자 또 봄날
—금호강·13

유람선 선착장에
노인 세 분이 바람 쐬러 나왔습니다
천 원씩 추렴한 삼천 원 딸랑 들고
기중 젊다는 일흔 둘 노인이
소주 한 병에 삶은 달걀 세 개 사 왔습니다
오늘, 어제로부터 건네받은 소주잔에
공사판을 오르내리며
밤낮 없이 맞교대하던 젊은 날들과
피땀의 시간 마셔버리고
소금에 찍어 아껴먹는 계란 안주
혀 끝에 새겨
했던 말 하고 또 하고
졸음 겨운 봄날이
저 혼자 또 흐릅니다

3

백수

가로수길에 후드득 단풍잎 떨어진다
깡마른 손등에 갈색 힘줄 선명하고
미로의 손금에 붉은 물감 칠해졌다

일생을 주무른 과욕의 흔적
쌀독에 양식이 떨어져도
겉멋 들어 살아 온 날들
단풍잎의 하루가 푸석하다

한때 누군가의 손바닥에
앙금으로 남았을지도 모를
어제까지 밥상 마주했던 수저를 놓고
바닥 나뒹구는
저 단풍잎 물드는데 얼마나 걸렸을까

동전을 던지다

동화사 해탈교에서
물속에 잠긴 돌확에 동전을 던진다
가운데 들어가면
소원이 이루어진다는,

새벽마다 어머니
장독 위에 정화수 떠놓고
어디서든 내 아들
밥 한 술 뜰 수 있게 해달라고
두 손 비비던

제자리 못 찾고
천천히 가라앉는 동전 주위로
참빗 같은 햇살이
동그랗게 놋주발 만든다

주머니 다 털어 헛손질한다

풍문

공중목욕탕 천정에서
물방울 하나 톡, 콧등에 떨어진다
아차, 이태동안 만났다 헤어진
이름 하나 떠오르는 순간
그녀의 마지막 편지에 번졌던 눈물방울이
버드나무 줄지어 늘어선
금호강을 지나
낙동강 하구 을숙도 갈대밭에서
바닷물에 섞인 듯
가슴에 푸른 멍울로 덧났던 것이다
통증 잦기를 기다려
욕탕 난간에 등 기대고 가쁜 숨 몰아쉴 때
백치처럼 무작정 떨어지는
영롱한 투신을 기억하나요
당신은

장끼, 다시 날다

산정에서 아래를 살피고 있었다
꿩 한 마리 힘껏 날아오르자마자
공기총에 맞아 지상으로 내리꽂혔다
장끼의 꽁지깃 하나 내게 날아왔다

나는 것 외에 아무 것도 할 줄 모르던 장끼의 깃이 펜대 끄트머리에 꽂혔다 노트에 필사하는 시 따라 살랑대는 깃털이 자유분방하다 훌쩍 하늘을 날던 호쾌함을 살려 콕, 콕, 콕, 남기고 싶었던 이야기 쓴다

그날 우리가 마지막으로 본 풍경이 펜촉에 흘러내린다 흩어진 낱알을 찾아 콩밭을 헤매던 추억과 덤불 속 찔레 산딸기 망개나무 열매 따먹던 부리 맞대고 몸을 섞던 까투리의 기억 속에 너는 잘 있을까

뒷소문까지
날렵한 문장으로 살려내고 싶어도
나의 통속한 언어로는

깊은 숨 불어넣어주지 못할 때

이리저리 놀리는 손 끝에서
푸드득, 자꾸만 산등성이로
꽁지 빠지게 날아간다

건강 검진을 받으며

아득했던 항로를 생각해 본다

무심하게 지나친 뱃길을 떠올리며
헤아릴 수 없는 날들을
목구멍 넘어간 등댓불이 속을 비출 때
바닷물에 젖은 해도海圖를 판독하듯
찰칵! 찰칵! 샅샅이 찍히는

한때 아카시아 향내 지독하던 날 하초리 막걸리집 촌년과 밤새 두주불사했던 주점에서 미처 다 소화시키지 못한 속내를 기록해 둔 난파선 항해일지에 어디에서 왔고 어디로 가야할지 구불구불 초서草書로 남게 될,

오랫동안 손쓸 수 없었던 곳을
언제 이토록 치열하게 훑어본 적 있었던가

자욱한 해무 걷히고 어렴풋 정신 줄 돌아오니
잔뜩 몸 웅크린 채

바닷가 뙤약볕 눈부신
위내시경실

벽시계

도서관 비탈길 계단 올라
체한 가슴 안고 강의실에 들어선다
삐딱한 벽시계,
가을앓이 준비하는 그림자 하나
비스듬히 창가에 비친다

터질 듯 부푼 얼굴
어두운 실내
어질러진 책상
뒤틀린 의자
초가을 햇살만 의젓하다

내가 배운 국문학개론은
허접쓰레기다
벽시계 오후 네 시를 가리킨다

런닝머신

걸음 내디딜 때마다 부드러운 감촉은 잠시뿐
앞만 보고 뛰는 발바닥에 불이 붙어도
정지 버튼 누르지 않으면 멈출 수 없다
맞은 편 벽걸이 티브이에서
한 남자가 마누라의 전 남편과 그 딸을 살해하고
유아원 교사가
네 살배기 원생 폭행 사실을 보도하는,
하늘 아래 옆 동에 살고 있어도
무슨 일 벌어지는지 모르고 있는 이웃들
난폭의 끝이 어디쯤인지 알 수 없다
애틋할 것도 없이 수다를 떨고
밥을 먹고
커피를 마시고
영화를 본다
창밖엔 쪽빛 겨울 걸려 있고
무심한 발은 벨트 위를 달린다

황태국을 먹으며

강원도 겨울 산골짝에
오호츠크해 속을 노닐던 명태들이
얼기설기 덕장 가득 메웠다
엊그제만 해도 육지에 올라와 이 꼴이 될 줄
꿈에도 생각 못했는데,
수많은 눈동자들이 밤하늘 쳐다보며
꾸덕꾸덕 휘돌아가는 바람소리 듣는다
난분분 폭설이 온몸 헤집고 지나갈 때
솔가지 눈덩이 떨어지듯
허파 속 짭짤한 흰바람이 썰물처럼 빠져나가면
부드럽게 차오르는 새살
그제야 선잠에 빠진 꿈속을 유영하다
화엄에 든 황태 한 두름
내가 어디로 가고 있는지 알지도 못한 채
경건하게 한 철 보낸
너를 맞이하는 것은 해장을 빙자한
낯술이다

보루네오의자

슬쩍, 그녀의 어깨에 손을 얹자
잠시 망설이는 듯 천천히 내게로 다가왔다

가구회사 하청업체에서 일하는 파딜라하스비는 새벽 출근하는 사람들 속에서 눈빛이 반짝였다 인도네시아 폰티아낙에서 멀리 떨어진 밀림 속의 시골이 고향이다 이국에서 내세울 것이라고는 눈곱만치도 없었지만 쉴 새없는 사포질에 닳은 비정규직 시간을 내려놓고 수평선 위로 떠오른 태양, 음악이 흐르는 파도소리에 가슴 적시며 야자수 그늘에서 쉬고 싶은

내가 시틋하게 허리 기대고
엉덩이 바짝 붙여앉는

비 오는 날 국숫집

소낙비 후들기는 말복날 오후
보양식당 찾아가던 발길 멈추고
서문시장 좌판에 엉덩이 비집고 앉았다

있을 건 다 있다는 시장바닥에서
냄비 속 물꽃 필 때
콩가루 뿌린 뭉텅이 국숫발 넣었다 건져낸
국수 한 그릇 앞에 놓았더니
금천네 사연이 길다

아홉 살 적 어미 손에 끌려 피난 내려와 열세 살 무렵 시작한 식모살이로 오라비 학비 보태다가 찐득한 반죽 홍두깨로 밀어 썰어낸 뒤 장작불에 다시물 팔팔 끓이던 손맛 이어받은 오늘까지 지나간 이야기를 처음 하는 것처럼,

미루나무 그늘에 둘러앉아 땅따먹기하던
동갑내기 친구들 꼭 한 번 보고 싶단다

황시미기 깔딱고개 너머
등곶길에 맞닥뜨리는 산모롱이 행상집이 무서워
새터마을 비탈길로 빙빙 돌아갈 때
뒤통수까지 귀신이 따라온다고
책 보따리 둘러메고 냅다 뛰던
그 길 다시 걸어보고 싶단다
줅줅 산비알 너덜바위 다래잎에 떨어진 빗방울같이
미끄러지고 엎질러지며 흘러간
지난 시절이 보고 싶단다

후룩, 후루룩
천막지붕에 늦여름이 떨어진다

원 플러스 원

야금야금 아껴 먹던 어제 같은 오늘
아침 햇살이 그만 눈 좀 떠보라고
제발 오 분만 더 더, 거리며
베란다 화분에 다리 비틀고 앉은
동백의 향기를
이불 속으로 불러들인다
누군가는 덜컹 현관문 열고 일터로 나가는데
파자마 바람의 남자 널브러져 티브이를 보며
쓸 만한 이력 하나 남았는가 생각하다가
두 팔 들고 휘적휘적 맨손체조한다
허리 구부렸다 폈다 제꼈다
하루를 탕진할 때
원 플러스 원으로 밀고 들어오는
배달의 간식들

어떤 쇼핑

삼복 영계와 대여섯 뿌리 인삼 민물장어와 생황기찜해 놓고 민소매 티셔츠 얼음바지 초경량 삼각팬티 아쿠아슈즈를 둘러보고 파프리카 브로콜리 쥬키니 꽈리고추 멜론이 보이는 식료품 진열대 앞에서 에라이 모르겠다 일단 질러보자 팽이버섯 세 묶음 애호박 두 개 열무 한 단과 입맛 당기는 왕수박 쇼핑카트에 담는다

여름대바겐세일 상품들이
장마로 불어난 황톳물에 떠내려가는
졸인 마음을 넣었다 뺐다 한다

기별이 온다

꼬르륵 꼬르륵 기별이 온다
삼시 세 끼 챙겨 먹어야 하는 나보다야
절전모드로 살고 있는 네가 절약형이라고는 하지만
여전히 난 배고프다

지하철에서 경배하듯 네게 고갤 숙이는 것은
밥값이나 하며 살기 위해 애를 쓰는 것,
동업으로 하는 일은 없다
서로 좋아하는 사람들끼리 소개팅해 줄 때
살아있는 보람을 느끼는 정도

그런 너와 놀아주는 이유는
악플에 시달리더라도 딱히 이런 것들 때문이다
세상과의 단절이 두려워
저장해 놓은 SNS 절친에게
최고예요, 웃겨요, 리트윗해주세요,
좋아요 좋아요 좋아요.

동대구역 대합실에서 급속 충전 받을 때처럼
장소는 그리 중요하지 않아,
자나 깨나 손에서 놓지 못하는
방전된 휴대폰으로부터
—밥은 먹고 다니냐?

꼬르륵 꼬르륵 기별이 온다

아듀, 을미년

대구역 뒤뜰 칠성바위에 걸터앉은 사내, 잠바 주머니에 넣고 다니던 하모니카 꺼내 '오늘도 걷는다마는 정처 없는 이 발길……'에 뭉툭한 발가락 까딱까딱 노래 한 곡 불어 제치는데, 채소시장에서 밭떼기로 거래하다 몽땅 말아먹고 대합실 맨바닥에 종이박스 깔고 찬서리 피하기도 했던 그, 무궁화호 타고 부산 광안대교 다리 위를 서성거렸던 적 있다

메르스로 죽을 고비 넘기고
삐거덕거리는 리어카 끌며 폐지 줍는 일로
칠성동 2가 뒷골목
하모니카 바람구멍 같은 쪽방에 들었는데
이곳에도 통정通情이 있어
어디로 떠나고 자시고 할 것도 없이
피곤에 지친 몸 칠성판에 누인
그가 떠났다
12월 31일 자정에
북두로

빈 자리

뚝,
어금니 하나 뽑힌다

입 안은 휑한 꽃바람

그 자리
찬란한 듯 초라한

4

진남교 봄길

부푼 꽃가지 꺾어들고 봄소풍 가던 길

흙먼지 폴폴 날리는 신작로에서
거친 자갈돌 골라내고
일당으로 받아온 밀가루 봉다리 풀어
봄내음 듬뿍 넣고 끓인
수제비 한 그릇 얻어먹고 건너던 길

고모산성 잘록한 허리춤을 싸고돌던
복숭아꽃 살구꽃이 천지간 벚꽃으로
이순 지나니 꽃봉오리 한바탕 웃음소리 들리는 길

하롱하롱 이울던 꽃잎
강물에 떨어져
아득한

주흘산

자드락길 걸어갈 때 골바람 서늘하다

손등 얼어 터지도록 춥던 그해 겨울
—따신 물 한 숟갈 떠서 입술 좀 적셔라
자리보전한 어무이 들릴락 말락 귀엣말 남기고
상수리나무 바싹 마른 삭정이로 떨어져버린
가랑잎 위로

자락 따라 부는 바람
자락 따라 흘러가는 구름 한 조각이
앙상한 가지에 걸린
나의 응어리를 풀어주었다

휘청거리며 떠돌던 세상에
홀로서기 가르쳐 준 골바람이
어무이 숨결 같다

불정역

산골짝에서 캔 석탄을 실어 나르던 곳

외갓집 갈 때
토끼비리* 지나 돌다리 건너 십리길
걸어야 닿을 수 있었던 기적소리는
지나간 세월 따라 가지 못하고
그만 입을 다물었다

잊어야지 하면서도 잊히지 않는
검은 돌 박인 역사驛舍
운행시간표 없는 펜션열차가
하룻밤 숙박비를 받는다

개찰하지 못한 승차권 들고
나는 새 출발을 기다린다

---

*영남 대로 옛길.

옛집에서

생일날 고향집을 찾았다

청명 한식에도
터줏대감 떡하니 집을 지키며
이제나 돌아올까 사분대는 문풍지 소리에
귀 쫑긋 세운 기다림은
이엉 엮어 덮었던 초가가
번듯한 기와지붕이 되었다

코끝 시큰해지는
아버지 손수 짓고 돌아가셨던 곳
어머니 세상 떠난 집에는
산비둘기 울음만이

애비죽고 에미죽고 애비죽고 에미죽고

배냇저고리 젖내 가득한

아버지

문득 낯선 사내 하나 닳은 칫솔 물고 거울 앞에 서 있다 감기는 눈 부비며 비누거품 일으켜 졸음을 쫓는다 볼따구니 한 가득 심술주머니 매달렸다 지나온 생 곶감 빼먹듯 허튼짓 없지 않아서 고개 돌려보면 왼쪽 오른쪽 생김새가 달라 보인다 찌푸린 이마는 싸락눈이 내려 주름을 새겼다 맑았던 눈망울엔 흙탕물이 고였다 선했던 눈꼬리는 천장 위로 치켜 올라갔다 오뚝했던 콧대 납작하게 주저앉았다 설익은 세월의 열매가 얼굴에 매달렸다

거울 속 아버지 한 말씀하신다

—쓸개 빠진 놈,

산수유꽃

장구메기 엄마 뒷등 앞에 산수유꽃 활짝 폈네

퉁퉁 불은 가슴 헤치고 젖꽃판을 피운 것은
마흔에 얻은 늦둥이
배불리 먹이지 못한 회한이 남아서일까

울다 말다 잠에 지쳐
마른 젖꼭지 물린 입술에 물집 잡혔을 때
부르튼 입술을 동냥젖으로 적셨다고
한 모금 두 모금 얻어 먹인
빗젖이 한 말은 실히 넘을 것이라고,

말귀를 알아들었을 때
—그럴 거면 왜, 왜 낳았어?
툭 던진 말에
부엌에서 산수유죽 끓이다 한쪽 구석으로 돌아서서
눈물 훔치던 엄마

올봄도 나는
키득키득 들까불며
산수유 꽃가지 찾아 가네

우리 엄마 묻은 곳에 젖 먹으러 나는 가네*

* 민요 「타박네」에서 빌려옴.

겨울나무

오래된 고욤나무 한 그루 서 있다

아슬한 가지 끝 까치고욤은
내가 먹고 자란 젖꼭지
눈보라 치는데도
직박구리 날아와 열매 따먹는다

정월 땔감 한 짐 이고
사립문 들어선 어머니 손엔
언 고욤이 한 됫박
오지그릇에 쟁여놓고
해 노루 꼬리처럼 짧은
긴긴 겨울밤

밤참으로 까치고욤
두어 순갈 떠 입 다시고나면
쿨럭쿨럭 기침소리
끊어졌다 이어졌다

젖몸살 앓으면서도 솜이불 다독이며
—어여 자거라

겨울 산자락에 여태껏 고욤나무
펄펄 날리는 눈발 온몸으로 맞으시는

잔칫날

고향집 허무는 날 진눈깨비 내렸다 진작 버렸어야 할 오래된 가구와 이 빠진 옹기 앞에 포크레인이 나타났다 거친 비바람에 느티나무 꼭대기 까치둥지도 온전히 버티는데 긴 세월 모질게 견뎠을 낡은 집이 우지끈 비명을 지른다 쥐오줌 번진 신문도배지에 누렇게 뜬 맨살로 배꼽을 드러낸 원기소 광고, 부라더미싱 삽화와 통신강의록 활자들이 슬금슬금 마당으로 기어 나와 한바탕 잔치를 벌인다

목에 힘 깨나 주던
성주단지 앞장 서고
부엌대기 조왕이
장독대 철륭이 에헤라!
뒷간에 쪼그려 앉아 큰일 볼 때 미끄덩
한쪽 다리 잡아당겨 똥통에 빠트렸던
정낭각시 너풀너풀 춤을 춘다

호두껍질처럼 단단했던 젊은 날들이

질척질척 뒤집힌 문고리 흔들며 장단을 맞춰도
부서진 흙벽돌과 조각난 기왓장으로
이제 폼 잡을 일 없다

금성주막에서

아자개장터 금성주막 주모는
새벽같이 일어나면 하늘부터 올려다본다
볼 수 있는 샛별이 좋다

이른 손님이 들면
강원도 덕장에서 산바람을 짊어지고 온
몸뚱아리 북북 찢긴 북어 안주상에 오른다
국물자국 얼룩진 벽걸이 메뉴판
해물파전 두부찌개 닭볶음탕 삶은 돼지머리,
오늘은 누가 나를 안주삼아 씹을지

술상에 놓인 막걸리 잔은
귀퉁이가 다 찌그러진 양은그릇이다
아무 놈에게나 몸을 주는 양은술잔
그녀는 세월이 흘러도 작부다
담배연기에 찌든 골초의 재떨이가 되었다가
어느 날은 빚보증 분풀이로
뻥— 지구 밖으로 걷어차이기도 했다

무중력 우주 공간을 날면서 내려다본
지구의 아름다움

첫경험에 당황했으나 이제는 놀라지 않는다
은근슬쩍 가슴팍 파고드는 뜨거운 손길을
취기라는 변명으로 받아들이며
한 잔 술에 꽃잎되어
괄시받는 자유가 그래도 좋았다

주모는 개밥바라기 보며 문을 닫는다

정이용소

풍기국민학교 졸업하자마자 손님들 머리 감기고 바닥 청소하며 이발 기술 배웠다 대구로 나와 이발소를 차렸을 땐 바리깡에 소가죽에 쓱쓱 문질러 벼리던 면도칼에 턱수염 말끔히 밀렸다 재개발에 밀려난 동네 문간방에 홀아비로 살면서 언제나 빛바랜 흰 가운에 삼선 쓰레빠를 고집하며 엊저녁에 해 먹고 남은 식은밥으로 국물도 없이 점심을 때우곤 했다 손끝이 떨려 이제 가위를 놓아야겠다며 상인동에 산다는 큰아들네 자랑하던 저지난 달 머리 깎으러 갔을 때 들려주던 이야기가 귓가에 맴도는데, 골목 안 집집마다 살림살이 모두 꿰고서 개발되지 않은 동네 터줏항아리 같은 정이용소 셔터가 두 달 넘게 내려져 있다 담장에 기대선 모과나무에 하얗게 서리 내리고 이웃사람들 턱수염 매일같이 자라는데 곽영감 보이지 않는다

서낭당고개

요시꼬는 한 마을에 사는 춘길이와 정분이 났다 눈맞아 배가 불렀다 달이 차서 아들 낳았다 춘길이는 마을 사람들에게 몽둥이찜질 당한 뒤 동네서 쫓겨났다 요시꼬도 범절이 있어 집안 어른께 마지막 작별인사하였다 살포시 문지방 돌아설 때 상현달이 봉당을 비추었다 말끔하게 닦인 가죽신이 댓돌 위에 가지런했다 인적 끊긴 고갯마루에 올라서니 하얗게 달빛이 쏟아졌다 들국화가 산자락을 흰색치마 두르듯 하는 초가을 밤이었다

샘골 봄밤

초저녁 달빛 아래 복사꽃이 바람을 불러온다 마을을 병풍처럼 휘감고 도는 산발치 허리쯤이다 보리밭 들머리에서 고운 조팝꽃 한 가지를 꺾어 들었다 오정산에 걸린 달그림자를 밟고 흰 코고무신을 기다렸다 저녁 설거지를 뚝딱 해치운 춘옥이가 분홍치마에 하얀 적삼을 받쳐 입고 살며시 다가와 팔짱을 낀다 꽃향기 맡으며 수줍게 웃을 때는 가지런한 이가 하얀 조팝꽃 같았다 저만치 숨죽이고 있던 연못에 잔물결 인다 맞은편 새밭재로부터 안들배미쪽으로 훅, 바람에 날려오는 뜨거운 꽃가루에 입을 맞춘다 조팝꽃이 보리밭에 내려눕는다 꽃비린내 나는 뽀얀 암술에 손끝이 닿았다 봄바람이 살랑살랑 몸을 섞는다 달뜬 소리에 돌아누운 청보리밭 이랑 사이로 풀물 든 치맛자락 감아쥐고 흰 코고무신이 자곡자곡 걸어간다 장독대 싸리울 돌아가는 동그스름한 어깨를 비낀 달빛이 감싸안는다

영강에서

어머니 등에 업혀
면사무소 옆 박의원 다녀오는 길
꽁꽁 언 영강 건너다 미끄러져
숨구멍으로 빨려 들어갔었다는 말,
소리 없이 눈은 쌓이고
방구들 따뜻한 아랫목에서
백 번도 넘게 들어 귀딱지 앉았다
어머니 돌아가실 때
내 등 내어드리지 못했다
들숨날숨 들썩이다
홀로 얼음장 밑으로 가라앉았다
해마다 영강은 하얀 수의로 얼어붙고
나는 숨구멍 들여다보며 손을 담근다
쩌억 쩌억쩍 달라붙는 어머니

조상걸

측간 옆 감나무 아래 홀로
우리에 갇혀 지내다
뒤뚱뒤뚱 골목에 모습을 드러냈다

회초리 들고 몰이하면 뒤쫓는 조무래기들 향해 오줌을 찍찍 갈기며 천방지축 내달려 느티나무 지나 종구네 논배미 사잇길로 난 못둑 아래는 저부실 진구네집, 맞은편에 순옥이네, 옆집 운모네서 좀 더 내려가면 집안에 우물이 있던 강윤구 선생님댁, 모퉁이 돌아서면 동성국민학교 교가에도 나오는 오정산, 자락에서 파낸 무연탄 실어나르는 도라꾸 바퀴자국 시커멓게 남겨진 큰길가에 오방색 금줄을 두른 사백 년 묵은 정자나무가 있는

조상걸, 조상걸이라 부르는 조상의 거리
노거수 움푹 팬 구멍 속에 깃든 전설의 제단에
뭣도 모르고 방귀를 뿡뿡 뀌며
굿거리에 불려나온

돼지, 대가리 한바탕 굿판 벌어진다

울타리 안팎으로 술래잡기하며
저녁연기 피어오를 때까지
깔깔거리고 뛰어다니다가
빙긋 얇은 초승달 입매를 보여주고는
탁, 문 닫듯이 육신을 버리고
애장터로 가버린
바로 위 누나가 생각나는 것이다

사발시계

동짓달 함박눈 내리던 날
열병 앓던 작은형 객귀풀이도 마다하고
사르락 사르락 창호지 문살 뚫고
돌아올 수 없는 길 떠났다
밤이 깊어질수록 사위는 조용한데
어머닌 희미한 호롱불 아래 골무 끼고
한 땀 한 땀 삯바느질한다
가슴 한 쪽 실밥 풀어져 너덜거릴 때
밥만 주면 째깍째깍 심장 뛰는 소리,
안방 반닫이 위에서
십 년 동안 동거하던 사발시계
어느 순간 태엽 끊어지고 말았다
—가가 한 아 몫은 너끈히 했는데
바람에 날리는 티끌같이
툇마루 지나 한 세월이 도망치듯 지나갔다

폭설

삶은 고구마로 점심참을 넘기자 구름이 낮게 깔렸다 무너진 담장 아래 부려놓은 탱탱하게 언 소나무 등걸 서툰 도끼질에 퍽! 폭발한 나무토막 부엌 궁둥이에 놓인 요강 퍼벅, 깨뜨렸다 어슬어슬 날 저물자 기척 없이 내리는 눈발에 처마 끝 참새도 날지 못하고 이엉 속에서 부스럭거리며 귀만 열어 놓았다 실강에 매달린 메주콩을 빼먹다가 봉창을 열면 아슴한 불빛 아래 함박함박 눈송이 쏟아졌다 새재 너머 가시내가 날려 보낸 하얀 전갈 군불 지핀 사랑방에서 사각사각 읽으며 깜박 상사의 꿈에 뒤척이다 첫 몽정을 했다 열다섯 머슴애였다

섣달 그믐

장등長燈을 밝히고 제야를 맞는다

건넌방에서는 차례상에 올릴 밤을 치고
顯考學生府君神位 지방을 쓴다
큰들 너마지기 논에
바소쿠리 거름 한 짐 져다 부리고
소를 부리던 아버지
제사상 받으러 오실 준비하시면
어머닌 정지에서 배추전 부치며 지지직
온 집안이 노르스름하게 익는다

입 하나 덜겠다고 서울로 돈 벌러 간 저물도록 오지 않는 둘째딸을 기다리며 활짝 열어둔 사립문 밖에는 찬 바람 불고 뒤란 오얏나무 텅 빈 가지 사이를 스쳐가는 부엉이 울음소리 꿈결인양 깜박 졸기라도 하면 눈썹 희어질까 꼴딱 밤을 샌다

동네마당 느티나무 꼭대기에서

순은의 아침을 기다리며
나, 한 시절 보름이었던 적 있었다고
까치 휜소리하는

문경

1
만장 앞세우고
햇살 바른 언덕으로
기산어른
저승 가는 길

2
상주는 삼베자락 펄럭이며
절룩절룩 곡을 하는데
요령잡이 읊는 선소리

백년집을 이별하고 만년집을 찾아 가네
어어화 어어화 어어허이 어어화

뒷동산에 고목나무 꽃이 피면 오시려나
어어화 어어화 어어허이 어어화

3

야아호오 달구여어 / 어어허 달구여
태어남도 인연이요 / 어어허 달구여
돌아감도 인연이라 / 어어허 달구여
태어났다 죽는것은 / 어어허 달구여
모든생명 이치로다 / 어어허 달구여
야아호오 달구여어 / 어어허 달구여
우리삼촌 이리오게 / 어어허 달구여
시동생아 이리온나 / 어어허 달구여
돈벌어서 어따쓸래 / 어어허 달구여
애껴두고 못쓰는건 / 어어허 달구여
용천관에 고자로다 / 어어허 달구여
기왕지사 시작한거 / 어어허 달구여
한분한분 모셔보자 / 어어허 달구여
아들아들 우리아들 / 어어허 달구여
하나밖에 없는아들 / 어어허 달구여
내가너를 기를적엔 / 어어허 달구여
바람불면 날을세라 / 어어허 달구여

꼭쥐면은 터질세라 / 어어허 달구여
곱게곱게 키웠건만 / 어어허 달구여
한번쯤은 찾아와서 / 어어허 달구여
노자한푼 보태주고 / 어어허 달구여
하직인사 하고가게 / 어어허 달구여
야아호오 달구여어 / 어어허 달구여*

4
떠나 있어도
언젠가 돌아가 쉬어야할 곳에
소리
묻어 두고 왔다

유세차,
흠향!

---

*선소리·달구질 : 권영이.

풍양댁

오용은답바다보아라

궁금하든차의편지잘보앗다모두잘잇난줄반가오며이곳어미도여름보담은식사도잘하고만이조아진것갓다별걱정말고너나몸조심하고동네농사일은탈곡이한창이다우리논의도탈곡한기전과갓단다어미도농사일은일절안하기로날시가치워지면예천으로갈이정이다오용아너는부대돈알들모아명연가을의결혼할의정하고돈알들모아라출근하기가골난하드래도그곳형이앞빳트엇는다고하는대부대친구도조은친구를사기고조심하기바란다

| 해설 |

홀리(다)와 홀릭(holic)의 경계

김상환
(시인 · 한국과정사상연구소)

| 해설 |

홀리(다)와 홀릭(holic)의 경계

소리들이 사방으로 흩어진다
아양음사峨洋吟社에 깊어지는 빛과 소리
끝내 문장만 남는다
—권오용, 「아양루에 올라—금호강·5」

1

가책(呵責), 혹은 가요(歌謠)로서 시는 애니미즘의 관점에서 혼(魂)과의 소통을 그 본질로 한다. 삶의 절대적 근거를 찾으려는 내면의 깊은 충동이나 동경을 영혼이라 일컫는다면, 혼을 부르는 행위야말로 노래의 본질이자 기능이다. 서정시는 이러한 혼의 형식이거나 혼의 목소리에 해당한다. 서정시가 추구하는 자연과 만물에는 아니마가 깃들어 있다. 아니마(anima)란 어원을 갖고 있는 '애니미즘(Animism)'은 생명과 정령(精靈), 영혼을 뜻한다. 이렇듯 생/명과 영/혼을 추구하는 시인은 언제나 둥글고 완결되어 있다. 시인의 운명은 운문과 노래의 형식을 취하게 되어 있다. 말과 삶의 관계에 있어서도 "삶이 무(無)라면, 작품은 전부다. 삶이 순전한 우연이라면, 작품은 필연성 그 자체"(루카치, 「플라톤주의, 시와 형식—루돌프 카스너」, 『영혼과 형식』)인 것이다.

권오용의 첫 시집 『금호강에는 개미귀신이 산다』에는 이런 전심(全心)과 생령(生靈)이 있다. 전편을 읽다가 보면 자신도 모르게 꼭 무엇에라도 '홀린' 느낌이다. 매혹과 현혹, 매료와 미몽……. 일종의 황홀감이 그것이다. '홀리(다)'와 '홀릭(~holic)', 그리고 '홀리(holy)'의 경계가 무의미해지는 순간이다. 이번 시집에는 금호강을 배경으로 한 연작시와 고향인 문경과 관련된 시편들이 많이 눈에 띤다. 특히, 후자의 경우 문경의 오일장(「금성주막에서」)이나 문경의 다리(「진남교 봄길」), 문경시를 흐르는 낙동강 지류(「영강에서」)나 문경의 옛 역사(「불정역」) 외에 생가와 혈육, 문경이란 구체적 지명이 민요와 설화, 굿의 서술 방식을 통해 잘 드러나 있다. 타향살이도 벌써 이십 년이 넘어 서 있지만("도시로 나와 이십 년 남짓 금호강 곁에 살고 있다" 「자서」), 그의 마음은 여전히 고향을 빠져나오지 못하고 있다. 아니, 갈수록 향수가 더해가는 양상이다. 시집에는 우리나라 전래의 자연과 문화, 민속적 소재들(두메달맞이꽃, 대숲, 도깨비풀, 넝쿨손, 하늘매발톱, 수양버들, 큰개불알풀꽃, 산수유꽃, 복사꽃, 진달래꽃, 청보리, 정구지, 느티나무, 고욤나무, 도깨비, 귀신, 제사, 굿, 서낭당, 선소리, 호롱불, 누에, 주막, 흰 코고무신 등)이 즐비하다. 이것들은 고향과 시와 애니미즘을 환기하는 중요한 매재로 작용한다.

옛날에 대하여 우리는 많은 기억들을 떠올린다. 그 가운데서도 농경 사회의 전통을 고스란히 간직하고 있는 이에게 '누에'만한 게 있으랴. "꼬물꼬물 한 마리 누에가 기어가고 있다"(「누에」)는 것은 기원의 시간이거나 현(玄)의 시간을 말한다. 천지현황(天地玄黃)의 '현(玄)'은 본래 누에가 고치를 짓기 위해 자신의 입에서 실을 뽑아내는 행위를 의미한다. 누에가 나비가 되는 변화와 변신의 과정이야말로 시와 삶이 갖는 비밀의 비밀이다. 현(玄)은 문지방에 해당하는 현관(玄關)과도 친연성이 있다. "내부를 외부로부터 구별하기 위한 특별한 공간"으로서 문지방(현관)은 "내부도 아니고 외부도 아닌, 가물가물한 장소"(배철현, 「현관(玄關)」)에 해당한다. 그 경계의 지점에 옛날이란 시간이 자리해 있다. 흔히 '옛날' 하면 진부한 느낌이 들거나, 이렇다할 긴장감이 떨어질 수 있다. 하지만, "가장 닳고 닳은 주제가 가장 새로운 것"(파스칼 키냐르, 『옛날에 대하여』)이라면 사정은 충분히 달라질 수 있다. 아주 오랜 누에의 잠과 어둠 속에서 우리는 침잠할 수 있고, "서천을 향해 나무(南無)의 길에"(「누에」) 오를 수 있다. 도시의 산책자인 권오용은 고향이라는 시간과 이야기를 말할 때, 그것은 "너무 낯선 곳에 와 있는"(「네발나비」) 타자의 현상을 통해, 기실은 자아와 고향을 재발견하고 있다.

2

화랑교 아래 개미귀신이 산다

밥때 맞춰 일렬종대로 행진하던 개미들 중 딴짓하던 한 마리가 귀신한테 홀리고 말았다 구덩이에서 헤어나려 발버둥칠수록 더 깊은 수렁으로 빠져드는 절명의 순간, 눈앞이 캄캄해진 얼굴에는

고로쇠나무 달콤한 수액이
강물 따라 춤추던 기생초의 몸짓이
주말에 다녀간 외손녀 함박웃음이
스쳐 지나갔다
—「개미귀신에 홀리다—금호강·2」 부분

앞의 「자서」에서도 나타나 있지만, 지금 시인은 고향의 영강을 닮아 있는 금호강 부근에 산다. 하여 자주 강변을 산책한다. 이 시의 모티브가 되는 '개미귀신'의 거처 또한 금호강이다. 그것도 다리(화랑교) 아래다. 그 어둡고 음습한 곳에는 개미와 개미를 잡아먹는 개미귀신이 살고 있다. 개미귀신은 모든 것을 빨아들이는 블랙홀이자, 모든 것을 삼켜버리는 지옥과도 같다. "발버둥칠수록 더 깊은 수렁으로 빠져 드는 절명의 순간"은 개미라는 한 인간이 처한 실존적 상황으로 볼 수 있다. 그 절명의 순간, 시인의 눈앞에는 "주말에 다녀간 외손녀의 함박웃음이/스쳐 지나" 간다. 생사의 경계와 역설을 포획하는 그의 시선이 남다르다. 시의 나머지 부분을 보게 되면, 다리 밑에서 "개미귀신을 깔고 앉았다가 누웠다가"하는 동네 노인이 등장한다. 물론 더위를 피해서다. 개미귀신이 개미의 체액을 빨아먹듯, 하루 종일 "시간을 파먹고 있"다. 그러나 시적인 순간이 이런 권태나 홀릭(홀림)에 있다면 개미의 죽음은 더이상 죽음이 아니다. 그 순간은 밑이나 아래의 지하가 아니면 도시 발견할 수 없는 거룩한 시간이다. 이 시는 신화에 비해 전설이나 민담이 갖는 세속적 가치나 의미와도 연결되어 흥감을 갖는다. 개미귀신에 이어 도깨비를 소재로 한 다음 시편을 보자.

불로동 고분군 어디쯤 잘못 들어선 풀밭 도깨비바늘이 소매 끝에 찰싹 달라붙습니다 이시아폴리스 아울렛 불 밝힌 상가에 그저 구경이나 하잘 땐 눈에 띄지도 않던 살아 있는 도깨비가 있어 미끈한 마네킹의 몸짱에 홀려 폼 나는 등산복 한 벌 지르고 싶었네요 눈치 빠른 수천 개 혓바늘에 찔려 고상한 척 그대를 선택한 한심한 나와 얼굴 붉히지 않고 헤어지기는 대략난감한 일이지요 바람막이 자켓을 집어 들자 툭! 스치고 지나가던 혹부리 도깨비들이 구시렁구시렁 귓속말하며 꿈속까지 따라오는 것이었습니다

—「도깨비풀」 전문

도깨비풀은 어둠이 드리워지기 시작할 무렵, "잘못 들어선 풀밭"에 놓여 있다. 도깨비의 다른 이름 '어둑시니'는 '어둑다(어둡다)'와 '시니(神—이)'의 합성어다. 어둑시니가 어둠에 대한 공포심을 형상화한 경우라면, 이 시에 나타난 빛과 어둠, 즉 음양은 "애매모호한 귀신"을 말한다. 인간의 귀로는 전혀 "알아들을 수 없는" 귀신의 말, 그것은 뭇사람들을 홀리기에 적합하다. 그리고 한해살이풀인 '도깨비바늘'은 본래 국화과에 속하는 일년생 초로, 바지나 옷소매 끝에 찰싹 달라붙어 있다. 언제 달라붙었는지도 모르게 도깨비처럼 달라붙었다 하여 도깨비바늘이라고 부른다. 그것은 현실은 물론, "꿈속까지 따라" 온다. 도깨비는 사람의 형상을 취하고 있다. 하지

만 사람은 아닌, 비(非)존재다. 이 시에서 '나'의 마음을 송두리채 빼앗고 홀리는 건 도깨비가 아니다. 인간화된 사물("미끈한 마네킹의 몸짱")이다. 빗자루나 부지깽이, 깨진 사발, 짚신 등이 오래 되면 혼이 깃들 듯, "오래된 가구와 이 빠진 옹기"(「잔칫날」)에도 혼이 배어 있게 마련이다. 부엌에는 부엌신, 장독대엔 장독신, 그리고 성주단지를 모셔 놓아야 마음 편한 서민들의 삶을 생각하면, 그들의 시간과 이야기는 다른 한편으로 '정화수 한 그릇'("새벽마다 어머니/장독 위에 정화수 떠놓고/어디서든 내 아들/밥 한 술 뜰 수 있게 해달라고/두 손 비비던"—「동전을 던지다」)에 모아져 있다. 이른 새벽 맑고 깨끗한 물 한 사발을 떠 놓고 천지신명께 기원하는 정화수(井華水, 또는 정안수)는 시인의 어머니가 잠에서 깨어 가장 먼저 하던 일 중 하나이다. 그런 만큼 리추얼(Ritual, 제의)에 가깝다. 그 물은 단순한 음용(飮用)이라기보다는, 하이데거 식으로 말하자면 '사방-세계'의 사물에 해당한다. 사방(das Geviert)이란 하늘과 대지, 신적인 것과 죽을 자들(또는, 인간)이 공속해 있는 세계와 사물을 말한다. 그것은 비어있음(das Leere, 空)으로 가능한 존재의 터전이다. 물과 어머니는 도깨비바늘과도 같이 시인에겐 떼어낼 수 없는 마음과 생명의 근원이자 매트릭스(matrix)이다.

3

1
만장 앞세우고
햇살 바른 언덕으로
기산어른
저승 가는 길

2
상주는 삼베자락 펄럭이며
절룩절룩 곡을 하는데
요령잡이 읊는 선소리

백년집을 이별하고 만년집을 찾아가네
어어화 어어화 어어허이 어어화

뒷동산에 고목나무 꽃이 피면 오시려나
어어화 어어화 어어허이 어어화
—「문경」 부분

「문경」은 상여꾼들이 상여를 메고 가면서 부르는 상여가(喪輿歌)로서, 죽은 이를 애도하는 일종의 만가(輓歌)다. 지금은 사라진 노래와 풍습이지만 죽음에 대한 예의와 가치를 새삼 느끼게 한다. 죽음은 실존의 유의미한 사건들을 경험하는 초점을 말한다. 그런 초점으로서 실존을 통해 획득되는 빛과 세계가 다름아닌 죽음이다("햇살 바른 언덕으로/기산어른/저승 가는 길"). 그 죽음이란 영원의 소리를 듣는 기쁨의 사건이 문경이다. 노래의 가사를 보면, 마을의 기산 어른을 마지막 떠나보내는 데 대한 일말의 아쉬움과 안타까움("뒷동산에 고목나무 꽃이 피면 오시려나")이 잘 나타나 있다. 하면서도 죽음은 소멸이 아니라 만년 집을 찾아가는 길("백년집을 이별하고 만년집을 찾아 가네")이며 영원한 귀향이다. 문경은 기쁨과 슬픔, 삶과 죽음, 순간과 영원이 혼재해 있는 장소다. 알 수 없는 후렴구("어어화 어어화 어어허이 어어화")만 보더라도 그것은 울음과 울림의 사이, 소리 이전의 소리 세계를 나타낸다. 알 수 없는 그 소리는 "야아호오 달구여어/어어허 달구여"하고 계속 이어진다. 나고 죽고 하는 세상 모든 것이 인연과 생기가 아닌 게 없다고 선소리꾼은 말한다("태어남도 인연이요/여어허 달구여/돌아감도 인연이라/어어허 달구여"). 그 움직일 수 없는 진리의 말에 죽을 자들도 화답한다. 이밖에 우리의 관심을 끄는 것은 서낭의 시간과 이야기이다.

> 요시꼬는 한 마을에 사는 춘길이와 정분이 났다 눈 맞아 배가 불렀다 달이 차서 아들 낳았다 춘길이는 마을 사

람들에게 몽둥이찜질 당한 뒤 동네서 쫓겨났다 요시꼬도 범절이 있어 집안 어른께 마지막 작별 인사하였다 살포시 문지방 돌아설 때 상현달이 봉당을 비추었다 말끔하게 닦인 가죽신이 댓돌 위에 가지런했다 인적 끊긴 고갯마루에 올라서니 하얗게 달빛이 쏟아졌다 들국화가 산자락을 흰 색치마 두르듯 하는 초가을 밤이었다

—「서낭당고개」 전문

서낭(또는, 선왕과 성황)은 민간에서 행해지는 마을의 수호신이자 신수(神樹)이다. 서낭의 천신과 산신의 결합은 이 시에서 세속과 초월, 불가능의 가능(성)을 함의한다. 춘길이와 요시꼬 사이에서 벌어지는 사랑의 감정과 심리는 아름답고 애틋하면서도 슬프다. 그러나 저들의 사랑은 "가죽신"처럼 질기며 이렇다할 국경이 없다. 수치도 아픔도 고갯마루 넘듯 모두 넘어서 있다("마을 사람들에게 몽둥이찜질 당한 뒤 동네서 쫓겨났다"). 사랑하는 두 사람은 예의와 "범절이 있어 집안 어른께 마지막 작별 인사" 마저도 빠트리지 않는다. 문제는 "문지방"이다. 그것은 고통과 환희의 경계역이며, 현으로 들어가는 관문(玄關)이다. 존재의 열린 장(場)이다. 그 문지방을 돌아설 때면 "상현달(은) 봉당을 비"춘다. 봉당은 본래 나누어져 있으면서도 이어지는 특성이 있다. 사랑이란 존재의 진리 역시 '이음'이다. 가장 위험한 것

이 가장 아름다울 수 있다면, “인적 끊긴 고갯마루에 올라” 선 두 사람 머리 위로 “하얗게 달빛이 쏟아”지는 것은? 때는 초가을 밤이다. 하늘을 수놓은 별빛 받으며 이제 그들만의 탈주가 시작된다. 이러한 탈주는 다른 시편에서도 마찬가지로 확인된다(“아랫마을 점순이가/정가네 술도가 옆 장터거리에 들어온/가설극장 영사기사와 바람이 나/삐딱구두 신고/가출했을 때”, 「하늘매발톱」). 서낭당고개는 사랑이란 성채를 쌓고, 그런 존재의 비밀을 구하기 위해 우리가 넘어야 할 산이자 건너야 할 강이다. 탈주선(脫走線)이다. 다음 시편도 그 연장선에 놓인다.

> 초저녁 달빛 아래 복사꽃이 바람을 불러온다 마을을 병풍처럼 휘감고 도는 산발치 허리쯤이다 보리밭 들머리에서 고운 조팝꽃 한 가지를 꺾어 들었다 오정산에 걸린 달그림자를 밟고 흰 코고무신을 기다렸다 저녁 설거지를 뚝딱 해치운 춘옥이가 분홍치마에 하얀 적삼을 받쳐 입고 살며시 다가와 팔짱을 낀다 꽃향기 맡으며 수줍게 웃을 때는 가지런한 이가 하얀 조팝꽃 같았다 저만치 숨죽이고 있던 연못에 잔물결 인다 맞은편 새밭재로부터 안들배미쪽으로 훅, 바람에 날려오는 뜨거운 꽃가루에 입을 맞춘다 조팝꽃이 보리밭에 내려눕는다 꽃 비린내 나는 뽀얀 암술에 손끝이 닿았다 봄바람이 살랑살랑 몸을 섞는다 달뜬 소리

에 돌아누운 청보리밭 이랑 사이로 풀물 든 치맛자락 감아쥐고 흰 코고무신이 자곡자곡 걸어간다 장독대 싸리울 돌아가는 동그스름한 어깨를 비낀 달빛이 감싸안는다

—「샘골 봄밤」 전문

이 시에는 "행간 속을 날아오"(「나비의 꿈」)르는 나비의 꿈이 있다. 그 꿈은 샘골의 봄밤에만 가능한 것으로, 달빛에서 시작하여 달빛으로 끝을 맺는다. 샘골의 봄밤은 아름답다. 그것은 순전히 빛과 그림자, 소리에만 머물러 있다. 〈달빛·달그림자·달 뜬 소리〉에서 보듯이, 샘골과 봄밤의 신비는 삼위일체, 즉 하나라는 셋, 셋이라는 하나에 있다. 천상의 달의 체(體)는 하나이지만 그 용(用)은 빛과 그림자, 소리의 셋이다. 셋의 경우도 빛의 그림자, 빛의 소리, 그림자의 빛, 그림자의 소리, 소리의 빛, 소리의 그림자 등으로 파생되면, 이는 무한수로 확장된다. 존재의 비밀은 세계의 주름과 음영에 있다. 그리고 그것은 다시 달이란 일자로 환원된다. 일시무시일 일종무종일(一始無始一 一終無終一)의 천부경 세계와 지혜가 그렇지 않은가. 이 시의 아름다움은 색채의 대비('흰 코고무신', '하얀 적삼', '분홍치마', '청보리밭')와 우리말의 변용에 있다. 후자의 경우, 인용시의 "자곡자곡"을 비롯한, "촉은 촉은"(「봄」), "시틋하게"(「보루네오

의자」), "화르륵"(「두메달맞이꽃」) 등은 매우 생신(生新)한 느낌을 준다. "인다·물 든·비낀·감싸 안는다" 등의 정서적 특이점 또한 기분의 현상(학)으로서 세계의 모호성과 비의를 드러내고 있다. 시제의 설정에 있어서도 과거의 현재화는 회감(回感)의 정서라든가, 시간의 연속성을 보여준다. "장독대 싸리울 돌아가는"에서는 독의 원형(圓形)과 순환적 시간마저 나타내고 있어 이채를 띤다. 권오용 시의 기반은 고향에 대한 기억과 상상이 주를 이룬다. 그 기억의 대상은 주로 인간(혈육)이거나 자연 풍경, 그리고 오래된 풍속과 사물들이다. 아래 구절들은 그에 대한 그리움과 연민의 정서가 곡진하게 드러나 있다.

찌푸린 이마는 싸락눈이 내려 주름을 새겼다(「아버지」)

이곳어미도여름보담은식사도잘하고만이조아진것갔다(……) 오용아너는부대돈알들모아명연가을의결혼할의정하고돈알들모아(「풍양댁」)

울타리 안팎으로 술래잡기하며/저녁연기 피어오를 때까지/깔깔거리고 뛰어다니다가/빙긋 얇은 초승달 입매를 보여주고는/탁, 문 닫듯이 육신을 버리고/애장터로 가버린/바로 위 누나가 생각 나는 것이다(「조상걸」)

동짓달 함박눈 내리던 날/열병 앓던 작은형 객귀풀이도 마다하고/사르락 사르락 창호지 문살 뚫고/돌아올 수 없는 길 떠났다(「사발시계」)

장등長燈을 밝히고 제야를 맞는다(「섣달 그믐」)

아버지의 시간과 이야기가 주름 이미지 속에 집약되어 있는 장면이라든가, 풍양댁인 어머니의 서간에 나타난 진심과 비문(非文/秘文), 일찍 세상을 떠나버린 바로 위 누나와 작은 형에 대한 안타까움과 그리움 등은 읽는 이로 하여금 눈시울을 젖게 한다. 이런 경우, 싸락눈이나 함박눈, 울타리와 저녁 연기, 초승달과 창호지 등의 사물/풍경은 시인의 기억과 상상을 매개하고 서술하는 중요한 시적 장치이자 공간으로 기능해 있다. 특히, 「섣달 그믐」이란 시("장등長燈을 밝히고 제야를 맞는다/건넌방에서는 차례상에 올릴 밤을 치고/顯考學生府君神位 지방을 쓴다/큰들 너마지기 논에/바소쿠리 거름 한 짐 져다 부리고/소를 부리던 아버지/제사상 받으러 오실 준비하시면/어머닌 정지에서 배추전 부치며 지지직/온 집안이 노르스름하게 익는다//입 하나 덜겠다고 서울로 돈 벌러 간 저물도록 오지 않는 둘째딸을 기다리며 활짝 열어둔 사립문 밖에는 찬바람 불고 뒤란 오얏나무 텅 빈 가지 사이를 스쳐가는 부엉이 울음소리 꿈결인양 깜박 졸기라도 하면 눈썹 희어질까 꼴딱 밤을 샌다")에서 제야를 맞는다는 것은, 끝없이 기다린다는 것이며 제의를 행한다는 것이다. 한 해의 끝은 "저물도록 오지 않는" 혈육("둘째딸")에 대한 기다림이나 송구영신(迎神)하는 마음에 "뒤란 오얏나무 텅 빈 가지 사이를 스쳐가는 부엉이 울음소리"를 배음(背音)으로 꼬박 밤을 새기 일쑤다. 생과 사의 경계, 인간에 대한 사랑과 연민은 한 해의 끝이며 시작인 섣달 그믐을 기점으로 변화의 국면을 맞게 된다. 그리고 섣달 그믐과 더불어 겨울나무는 남다른 의미를 갖고 있다. 시인 백석에게 갈매나무(「남신의주유동박시봉방」)가 있다면, 권오용에게는 고욤나무가 있다.

오래된 고욤나무 한 그루 서 있다

아슬한 가지 끝 까치고욤은
내가 먹고 자란 젖꼭지
눈보라 치는데도
직박구리 날아와 열매를 따먹는다

정월 땔감 한 짐 이고
사립문 들어선 어머니 손엔

언 고욤이 한 됫박
오지그릇에 쟁여놓고
해 노루 꼬리처럼 짧은
긴긴 겨울밤

밤참으로 까치고욤
두어 숟갈 떠 입 다시고나면
쿨럭쿨럭 기침소리
끊어졌다 이어졌다
젖몸살 앓으면서도 솜이불 다독이며
—어여 자거라

겨울 산자락에 여태껏 고욤나무
펄펄 날리는 눈발 온몸으로 맞으시는
—「겨울나무」 전문

고욤나무는 감나무의 시조이다. "고욤 일흔이 감 하나보다 못하다"는 옛말도 있지만, 이 시에 제시된 고욤은 '나(내)'가 먹고 자란 고향이고 어머니이며 사랑의 표상이다. 고향과 어머니는 친근하기 이를 데 없으나 드높은 것이어서 쉽사리 범접하기 어려운 데가 있다. 그것은 까치가 좋아하는 고욤이 "아슬한 가지 끝"에 달려 있는 이유이기도 하다. 고욤나무는 겨울나무다. 겨울나무 가지 끝은 인간 실존이 처해 있는 지점이자 막다른 벼랑이다. 그 벼랑에서 맺은 고욤 열매 하나는 백척간두에서 한 걸음 더 나아간 경지가 아닐까. "사립문 들어서는 어머니 손엔/언 고욤이 한 됫박"이다. 나는 그 사랑의 고욤을 "긴긴 겨울밤/밤참으로 까치고욤/두어 순갈 떠 입(맛을) 다"신다. 그러는 동안 나의 "기침소리(는)/끊어졌다"가 다시 이어지길 반복한다. 겨울 고욤이 더이상 죽지 않는 것은 생명의 젖꼭지를 닮아서이다. 끊임없이 자기 몸을 내어주어서이다. 그리고 무엇보다 "펄펄 날리는 눈발을 온몸으로 맞으시는" 때문이다. 나에게 고향과 자연, 어머니는 하나의 생명, 하나의 영혼, 하나의 신비다.

4

귀뚜리들 푸덕푸덕 누각에 오른다
쪽마루 난간에 걸터앉아
대들보에 걸린 거미줄을 뜯어
편액의 제영題詠을 노래한다

귀 밝은 암컷들이 몰려든다
풀섶에 숨어있던 수컷이 얼씨구나 독차지한다
달빛이 살갗을 뚫고 지나간다

강독講讀이 본론에 접어들자
발 아래 낮게 흐르는 물소리 귀 기울인다
고요를 깨며 강물이 출렁인다
뜨락의 낙엽들이 말을 뒤척인다

소리들이 사방으로 흩어진다
아양음사峨洋吟社에 깊어지는 빛과 소리
끝내 문장만 남는다
—「아양루에 올라—금호강·5」 전문

금호강 연작시 중 하나인 이 시를 읽게 되면 누(樓)에 오른 자만의 고유한 시선과 여유가 느껴진다. 도시의 허파인 금호강 아양루에 오르면 하찮은 미물("귀뚜리")이라도 시를 읊고 거문고를 뜯으며 목청껏 노래를 부른다. 그런 이 곳에 "달빛이 살갗을 뚫고 지나"가 마치 화인(火印)과도 같다. 달빛은 한 권의 서책이다. "안광(眼光)이 지배(紙背)를 철(綴)"할 만큼, "강독講讀이 본론에 접어들"면서, 시인은 발 아래 흐르는 물소리를 듣는다. 소리는 "빛이 되어 사방(팔방)으로 흩어"진다. 온갖 자연과 사물들이 뒤척이고 출렁인다. 그 결과 금호강 소리는 고요를 깨는 하나의 경전으로 거듭난다. 고요는 하나가 아니라 수많은 고요다. 그 고요의 무늬와 소리야말로 시(학)에 이르는 길이다. "아양음사峨洋吟社에 깊어지는 빛과 소리", 그 오롯한 세계와 의미가 오래된 누에 있다. 예로부터 〈인간은 오행의 정화요 천지의 마음〉(유협, 『문심조룡』)이라 했거늘, 무릇 인간의 문장에는 우주의 원리가 숨어 있다. 그러나 '하늘 天'이란 문자로는 하늘의 변화무쌍함을 담아낼 수 없다. 언어로서 언어의 경계를 넘어선 끝에야 "문장(은 살아) 남는" 법이다. 말과 사물의 경계도 이와 다르지 않다.

권오용은 이제 노년(?)의 시간을 살고 있다. 노년의 시간은 「아양루에 올라」와 「원 플러스 원」("야금야금 아껴 먹던 어제 같은 오늘 (……) 하루를 탕진할 때/원 플러스 원으로 밀고 들어오는/배달의 간식들")에 특징적으로 나타나 있다. 전자가 마음의 여유와 취(趣)의 삶이 반영된 경우라면, 후자는 사물화된 잉여의 시간을 반영하고 있다. 여기엔 개미 쳇바퀴 돌 듯 지루하고 반복적인 생활이 이어지고, 끼니마저 간식으로 배를 채운다. 「아양루에 올라」와「원 플러스 원」 사이에 노년의 삶이 있다. 그렇다면, "나에게 프루스트처럼 『잃어버린 시간을 찾아서』를 써 나갈 정도의 시간이 남아있는 것일까?(앙드레 모루아, 『나이 드는 기술』)"

5

권오용의 시는 금호강과 영강 사이에 있다. 그 사이·차이라는 중심은 신화와 현실, 부재와 현존, 신체와 영혼의 경계에 위치해 있다. 천년의 물이 흐르듯 의식의 흐름은 점멸의 상태로 이어진다. 그의 시간과 기억의 지층 속에 존재하는 자연과 인간, 풍속과 사물의 이야기에는 한국인의 가장 깊은 성정과 신기(神氣), 그리고 귀기(鬼氣)가 있다. 그런 점에서 고향 문경은 "미완의 글자(들)"이다. 여시아문(如是我聞)이다. 그의 시를 읽고 있으면 "막 말문 튼 아이처럼 방금 촉을 밀어 올린/찻잎"(「작설」)처럼 가슴이 설렌다. 뿐 아니라, 알 수 없는 혼(魂, 混)의 세계로 문명을 인도하는 그의 시는 오늘날 장소를 상실한 우리의 지남(指南)이기도 하다. "날렵한 문장과 통속한 언어"(「장끼, 다시 날다」) 사이에서 여전히 고민하고 있는 그는, 이렇게 말한다.

"이제 나도 살아가는 데 필요한 말은 거의 다 안다. 중요한 건 그 말이 몸피를 줄여가며 만든 바깥의 넓이를 가늠하는 일일 것이다. (……) 그러나 그건 세상에서 가장 어려운 일 중 하나일 것이다(김애란, 「두근두근 내 인생」)."

만인시인선 64
금호강에는 개미귀신이 산다

초판 인쇄 2018년 2월 5일
초판 발행 2018년 2월 10일

지은이 / 권 오 용
펴낸이 / 박 진 환

펴낸 곳 / 만인사
출판등록 / 1996년 4월 20일 제03-01-306호
주소 / 41960 대구광역시 중구 명륜로 116
전화 / (053)422-0550
팩스 / (053)426-9543
전자우편 / maninsa@hanmail.net
홈페이지 / www.maninsa.co.kr

ISBN 978-89-6349-111-0 03810

값 9,000원

* 이 도서의 국립중앙도서관 출판시도서목록(CIP)은 서지정보유통지원시스템 홈페이지(http://seoji.nl.go.kr)와 국가자료공동목록시스템(http://www.nl.go.kr/kolisnet)에서 이용하실 수 있습니다(CIP제어번호 : CIP2018002567).

만/인/시/인/선

1. **이하석** 시집 | 高靈을 그리다
2. **박주일** 시집 | 물빛, 그 영원
3. **이동순** 시집 | 기차는 달린다
4. **박진형** 시집 | 풀밭의 담론
5. **이정환** 시집 | 원에 관하여
6. **김선굉** 시집 | 철학하는 엘리베이터
7. **박기섭** 시집 | 하늘에 밑줄이나 긋고
8. **오늘의 시 동인** | 「오늘의 시」 자선집
9. **권국명** 시집 | 으능나무 금빛 몸
10. **문무학** 시집 | 풀을 읽다
11. **황명자** 시집 | 귀단지
12. **조두섭** 시집 | 망치로 고요를 펴다
13. **윤희수** 시집 | 풍경의 틈
14. **장하빈** 시집 | 비, 혹은 얼룩말
15. **이종문** 시집 | 봄날도 환한 봄날
16. **박상옥** 시집 | 허전한 인사
17. **박진형** 시집 | 너를 숨쉰다
18. **정유정** 시집 | 보석을 사면 캄캄해진다
19. **송진환** 시집 | 조롱당하다
20. **권국명** 시집 | 초록 교신
21. **김기연** 시집 | 소리에 젖다
22. **송광순** 시집 | 나는 목수다
23. **김세진** 시집 | 점자블록
24. **박상봉** 시집 | 카페 물땡땡
25. **조행자** 시집 | 지금은 3시
26. **박기섭** 시집 | 엮음 愁心歌
27. **제이슨** 시집 | 테이블 전쟁
28. **김현옥** 시집 | 언더그라운드
29. **노태맹** 시집 | 푸른 염소를 부르다
30. **이하석 외** | 오리 시집